Couvertures supérieure et inférieure
manquantes.

NOTICE HISTORIQUE

SUR LE

CHATEAU DU MONTELLIER

EN BRESSE

NOTICE HISTORIQUE

SUR LE

CHATEAU DU MONTELLIER

EN BRESSE

PAR

MELVILLE GLOVER

MEMBRE CORRESPONDANT
DE L'ACADÉMIE IMPÉRIALE DES SCIENCES ET ARTS DE SAVOIE;
MEMBRE DE LA SOCIÉTÉ SAVOISIENNE
D'HISTOIRE ET D'ARCHÉOLOGIE.

LYON

IMPRIMERIE D'AIMÉ VINGTRINIER

Rue Belle-Cordière, 14.

1869

NOTICE HISTORIQUE

SUR LE

CHATEAU DU MONTELLIER EN BRESSE

—

Le Montellier, Montillier, Monteiller, est un nom qu
pourrait facilement exercer la verve des chercheurs d'étymologies et pour en donner un léger aperçu nous allons donner les quelques étymologies mises en avant par différents
auteurs. Courtépée, dans son Histoire du duché de Bourgogne (1) nous assure que l'historien de Poligny, interprète
ce nom par *hauteur sur la voie;* car d'après lui il viendrait
du celtique. Un autre savant, cité par le même auteur, le
tire de *Mons Lyæi*, mont de Bacchus. Une autre classe
d'érudits y voit du grec et soutient que le soleil fut
autrefois adoré en ce lieu, vu que *helios* en cette langue
signifie lumière par excellence. En 1187 on l'appelait tout
simplement Montellier; mais les notaires pédantesques
du xvᵉ siècle ont voulu traduire le nom en *Mons lierius* et
dans leurs actes ils le déclinent : *apud Montem lierium,*
est-il dit dans un acte de cette époque. Quelques-uns rêvent
à *Mons telluris,* comme si la racine du mot n'était pas
Mont ou *Mons,* la flexion *el,* et la terminaison *ier,* ce qui fait
que pour nous ce mot ne veut dire autre chose que petit
mont, élévation ou poype en langue du pays.

Le souvenir le plus ancien se rattachant au Montellier

(1) *Descript. générale et particulière du duché de Bourgogne,* II. 333.

est la découverte d'une monnaie romaine dans un vieux mur de cette localité. L'intérêt de cette médaille, qui appartient actuellement à M. Testenoire-Lafayette, de Saint-Étienne, ressort de ce qu'elle a été frappée à Viminiacum en Pannonie, (au droit elle porte l'effigie d'*Otlacilla Severa*, et à l'avers COL. VIM., avec l'année de l'ère locale), et qu'elle a été trouvée dans le voisinage de l'ancien Viminiacum, le Neuville moderne. M. Martin-Rey, qui nous a communiqué cette note et à qui la médaille a appartenu, se rallie à l'opinion de Paradin et de beaucoup de savants, qui soutiennent que Viminiacum a été fondée, en souvenir de leur patrie, par une des légions de Pannonie que Sévère amena avec lui pour combattre Albinus qui résistait à son pouvoir en Gaule. (An. 183.)

Cette étymologie conduirait à soutenir ceux qui prétendent que cette fameuse bataille fut livrée à Trévoux. Quoique cette opinion nous paraisse en tous points respectable et soutenable, il n'entre point dans le cadre de notre notice de la développer plus largement.

Au moyen-âge et auparavant, les élévations coniques que l'on rencontre nombreuses en Bresse étaient connues sous le nom de poypes. Pour la plupart elles consistaient en un amas de terre rapportée et formaient une éminence sur laquelle le chef bâtissait son habitation. Dans nos régions, elles entraînèrent bientôt une idée de souveraineté, et qui disait poype disait château, *poypia seu castrum*, ainsi qu'on le lit dans les anciennes chartes dauphinoises. Plusieurs châteaux ne portaient même pas d'autre nom ; de ce nombre est celui d'Amareins (1) et une résidence célèbre au nord de Lyon qui est encore désignée sous ce nom, la Pape, en latin *Poypia*.

La modeste habitation du chef fit bientôt place au donjon féodal qui répondait mieux aux nécessités de la dé-

____

(1) Guigues. *Fiefs de la paroisse et arrondissement de Trévoux*, art *Amareins.*

fense, et plus tard, lorsque la population s'accrut, les te-
nanciers devinrent plus nombreux, et le *castrum* primitif ne
pouvant plus les contenir, une seconde enceinte se formait
et le château devenait une petite ville. Telle fut la voie
suivie dans le développement du Montellier ; car le château
consiste en un donjon accolé à un corps de bâtiment cou-
ronnant la poype primitive et dominant une vaste cour en-
tourée d'une enceinte continue de neuf tours carrées, reliées
entre elles par des courtines auxquelles sont adossées les
constructions nécessaires et accessoires.

Le château proprement dit, auquel on monte de la cour
intérieure par une rampe contournant la poype, consiste
en un donjon circulaire regardant la campagne et débor-
dant les courtines de l'enceinte de presque son entier diamètre. Cette tour, que l'on aperçoit de très-loin, est haute
d'environ 16 mètres, et les murs varient d'un mètre trente
centimètres d'épaisseur à la base, à quatre-vingt-dix centimètres au niveau de la toiture. L'étage inférieur seul est
voûté en calotte. Autrefois, cette salle ou *crotte* contenait
les armes, l'artillerie consistant, au xvi⁰ siècle, en quatre
canons et deux serpentines et les chaînes nécessaires à
deux ponts-levis, ainsi que nous l'apprend l'inventaire de
1582 (1). Actuellement cette salle sert de chapelle, destination à laquelle elle fut consacrée par la famille de L'Hospital Saint-Mesme, vers la fin du xviⁱ siècle, ce que nous
prouvent leurs armoiries peintes à l'intérieur au-dessus de
la porte d'entrée.

Les étages supérieurs n'ont rien qui les fasse remar-
quer, sauf les latrines qui, comme au château de Coucy,
sont ménagées dans l'angle qui relie le donjon au château.
Une des salles contient un point trigonométrique élevé sous
le premier empire. L'étage supérieur, auquel on parvient
par un étroit escalier ménagé dans l'épaisseur du mur intérieur, est percé de deux rangées de trous carrés, régulière-

(1) *Inventaire du mobilier* (Arch. du Montellier.)

ment espacés et destinés à fixer les hourds ou galeries extérieures surplombant la base de la tour (1). Une petite fenêtre garnie d'un banc marque la place du gaytier ou sentinelle qui sondait toujours le lointain afin d'annoncer les arrivants, amis ou ennemis.

Le donjon s'ouvre à l'intérieur sur un corps de bâtiment de deux étages, composés chacun d'une salle communiquant à deux autres tournelles flanquant la porte d'entrée. Au xvi⁰ siècle, l'on communiquait encore par une échelle de l'étage inférieur à la salle supérieure; actuellement une des tournelles contient un escalier en bois. Au-dessus de la porte ogivale, entre les tournelles est une pierre portant les armes de la famille Chevrier de Saint-Maurice.

A l'extérieur, le pied de la tour du donjon est protégé par un mur ou chemise à plusieurs faces, présentant à la campagne un angle aigu; l'entre-deux est garni de terre et couronné d'un parapet dont la construction nous paraît plus récente. Cette sorte de terrasse ou fausse braie qui garantissait le pied de la tour contre la sape, se relie aux courtines du château, où on ne peut pénétrer que par une porte solide et étroite communiquant avec le chemin de ronde qui aboutit à la demeure du seigneur.

L'inventaire de 1582 mentionne cinq chaînes en fer pour faire baisser et lever un grand et un petit pont-levis, et nous ne sommes pas éloigné de croire que le petit reliait le chemin de ronde avec le donjon, isolant ainsi ce dernier, qui l'était déjà par ses fossés, et le mettant à même de résister seul au cas où l'ennemi se serait emparé de l'enceinte soit baille inférieure.

La grande porte du château est flanquée par le donjon et par une autre tour nommée la tour de l'Horloge (dans le partage de 1488), et nous croyons qu'elle a dû, en outre, être défendue par un ouvrage avancé dont toute trace a disparu depuis longtemps. Elle était battue par un grand

(1) Viollet Leduc. *Dict. de l'architecture*, art. *Hourd.*

machicoulis dans l'angle, semblable à celui de la porte de Villeneuve-sur-Yonne.

A la tour de l'Horloge se relie un corps de bâtiment qui doit remonter au xiv⁰ et peut-être même au xiiie siècle. La pièce la plus rapprochée de la tour avait deux fenêtres, l'une ayant vue sur le calme paysage de la campagne et le doux miroitement de l'eau, tandis que l'autre donnait sur la cour intérieure en face des escaliers montant actuellement au donjon. C'était, au xvie siècle, la chambre de dame Jacqueline de Montbel, épouse de l'amiral de Coligny, et si quelque lectrice est curieuse de connaître le mobilier qui la garnissait, en voici les principaux objets :

Deux buffets en bois de noyer, garnis de ferrures et d'esparres, et fermant à clé; une table en noyer avec ses allonges, le long de laquelle étaient placés deux bancs du même bois ; il y avait aussi une autre petite table en sapin susceptible d'être transportée selon les caprices de la châtelaine. Le lit était mi-cerisier et noyer, à colonnes et garni de quatre vergettes pour porter les rideaux. Dans un coin l'on voyait une chaise ou *chaire* en noyer *faict à l'anticque*, ayant un pied brûlé. Près du grand *chaalit* il y en avait un autre en noyer. Le *nécessaire* est inventorié ainsi : *ung petit charriot de boys noyer soubz le grand lict.* En guise de chandeliers un *cinnacle* de fer à deux branches et huit becs. Dans la chambre de la tour qui servait de garderobe, se trouvait un coffre en noyer contenant les livres de reconnaissance du Montellier, un lit de camp, plus un autre lit à quatre colonnes, et en cas de besoin il y avait même une arbalète (1).

Cette pièce communiquait au parquet de la *grande salle peinte où logent les gentilshommes,* qui mesurait treize mètres de long sur près de huit mètres de large. De nos jours cette salle est divisée en plusieurs chambres et il ne reste aucune trace de ces peintures qui, au moyen-âge, dé-

(1) *Inventaire.* (Arch. du Montellier.)

coraient toutes les salles des châteaux. Au fond était une estrade servant à rendre la justice et à recevoir les reconnaissances; aussi nombre d'actes des archives ont été passés *in aula magna castri Montellierii*. Cette salle contenait plusieurs lits, des bancs pour mettre les selles des chevaliers et un lustre ou *girouette* pendant du plafond. Parmi les meubles on trouve mentionné, en 1582, *deux fertz servantz a rostir le fromaige*. Sous cette salle s'étendait la cuisine dont les meubles et ustensiles étaient nombreux et en meilleur état que le reste.

Cette salle est désignée dans le partage de 1488 comme étant *magna aula antiqua*, car il y avait déjà à cette époque une *magna aula nova*; cette dernière est un peu plus longue que l'autre et nous inclinons à croire qu'elle fut bâtie vers la fin du xiv⁰ siècle et peut-être servit-elle à loger des compagnies allemandes prises à la solde du seigneur; car il existait une tour portant le nom de *turris freydenosse*, ou à notre avis, tour des libres et gais compagnons, en allemand *frei genossen*. La salle, elle-même, porte au xvi⁰ siècle le nom de salle des libres valets, *freydevaulx*. Quoi qu'il en soit, elle dut être construite pour loger les militaires inférieurs. De nos jours, elle est divisée en deux pièces et les armoiries de la famille de Chevriers, qui se trouvent sur le manteau de la cheminée, assignent comme date des réparations le milieu du siècle dernier. Au xvi⁰ siècle, elle était en fort mauvais état, car les murs étaient soutenus par des étais. Au-dessous de cette pièce s'étendaient de vastes écuries afin que les hommes d'armes eussent leurs chevaux sous la main en cas d'alerte. Entre les deux salles se trouvait un escalier conduisant à l'étage supérieur d'une tour, d'où par une porte ogivale l'on pénétrait dans une pièce carrée, au coin de laquelle s'ouvrait une niche servant à donner la torture, *ung troz passant dessoubz lequel longtemps ha qu'il a esté faict pour bailler la torture a ung prisonnyer* (1). Cette niche

_____

(1) *Inventaire de 1582*, folio I.

communique en effet avec l'étage inférieur et sert actuellement d'armoire. Dans la crotte du donjon on conservait une *buccine* pour mettre aux pieds des prisonniers.

La quatrième tour, à partir de celle de l'Horloge, portait le nom de tour des Prisons. On parvenait par le chemin de ronde à une chambre nullement ajourée. Au centre du plancher existait un œil circulaire communiquant au rez-de-chaussée qui était voûté en calotte et n'avait aucune autre ouverture. C'était là une *chartre privée* ou *vade in pace*, et certes on pouvait y mourir « faute d'air » comme cela avait lieu, en 1398, au Petit-Châtelet de Paris (1). Lorsque le présent propriétaire a fait percer le mur de cette salle souterraine, il y trouva, nous a-t-il assuré, un crâne et un squelette presque entier ; ce malheureux avait creusé une sorte de souterrain sous les fondations de la tour, espérant sans doute s'en échapper ; mais le manque d'air et peut-être de nourriture l'empêchèrent d'achever sa tâche.

Les autres tours, sauf deux, ne méritent aucune mention ; l'une, la tour Grôlée, porte encore le nom d'une illustre famille de la Bresse qui, pendant longtemps, a possédé la conseigneurie du Montellier, on y distingue la trace des hourds et les armoiries des Grôlée, gironné d'or et de sable, qui se trouvent gravées sur une pierre encastrée dans le mur latéral du portail principal, surmontaient probablement son entrée. L'autre tour est située à l'endroit le plus faible du château, elle est peu flanquée, mais fort épaisse et engagée dans la courtine par une face ; en outre, cette tour ainsi que la précédente pouvaient se défendre isolément des meurtrières circulaires surmontées d'une mire.

L'ensemble de l'enceinte présente neuf tours carrées qui se ressentent, quant à la forme, de l'influence italienne qui tendait à supprimer les tours circulaires ; un talus descend de leur base jusqu'au fossé qui pourtoure le château

(1) *Moyen âge et renaissance*, art. *Prisons*.

entier et se voit encore très-sensiblement. Les matériaux de construction consistent partout en briques sans aucun mélange de maçonnerie. Un cordon continu de billettes couronne les murs dans tout leur développement.

Le château était alimenté d'eau par un puits abondant situé au pied de la poype. Les habitants du donjon suivaient, pour y aller puiser, un souterrain dont l'entrée a été comblée il y a peu d'années.

Maintenant que nous connaissons le château, cherchons à en poursuivre les annales jusqu'à nos jours, et si de grands événements ne viennent point intéresser notre récit, souvenons-nous qu'une existence, quelque humble qu'elle soit, concourt pour sa part au grand tout qui se nomme histoire, et qui, fidèle miroir, nous doit montrer nos passions à travers un verre grossissant et nous initier à leurs effets et résultats sur les peuples et les individus.

Le Montellier et le pays environnant suivit toutes les fluctuations de la région où il est situé; successivement envahi par les Burgunden, incorporé à l'empire de Charlemagne, il échut à Lother, puis fit partie de la Bourgogne transjurane. Cette dernière transition nous conduit au seuil de cette époque indécise où la féodalité, relevant de l'empire, ne craint plus rien de ce suzerain éloigné, lève l'étendard de la révolte et fonde cette fourmilière de petits Etats indépendants et batailleurs qui, hérissant le sol de leurs tours et de leurs iourches, levaient des impôts si lourds qu'ils paralysèrent le commerce et le peu d'industrie de cette époque. Les Villars firent partie de ce mouvement et devinrent les suzerains du Montellier.

Le territoire ou la commune environnant le château relevait partiellement de diverses maisons religieuses ; ainsi en 1097 nous trouvons Bérard de Saint-Trivier, chevalier, *miles*, donnant à l'obéance du prieuré clunisien de Montberthoud le mas de la Combe Gislier qu'il possédait au Montellier. Tandis que Montberthoud devint décanat, le Montellier devint prévôté, soit cure. Ce dernier fait nous est connu par un acte du mois d'août de l'an 1242, par lequel Jean, fils de Michel Donet, vendit à Guichard de Birisuel tous les droits qu'il possédait en la prévôté ou paroisse du Montellier, et cela moyennant 64 sous forts, de Lyon, cinq ânées de seigle et neuf bichets de millet (1). La famille de Sure, si tristement célèbre dans les annales du xve siècle par la trahison d'Antoine de Sure et son exécution, possédait aussi une partie de la dîme du Montellier, puisque, en juin 1285, Guigue de Sure reconnaît la tenir en fief du Chapitre de Saint-Jean de Lyon, moyennant la somme de 102 livres viennoises et 10 sous (2).

A cette époque le château appartenait à des seigneurs qui en portaient le nom et relevaient ainsi des sires de Villars. Dans son *Histoire de la Dombe*, Guichenon nous apprend qu'ils portaient d'argent à trois bandes de gueules. Le plus ancien seigneur de ce nom, dont l'histoire nous ait transmis le souvenir, est Bermond, un des 18 chevaliers qui, en 1186, s'engagèrent à se constituer comme ôtages au monastère de l'île Barbe avec Uldric de Villars, au cas où Etienne de Villars ne tiendrait pas sa parole à propos d'une donation qu'il avait faite à cette célèbre abbaye (3). Le nom de Bermond de Montellier est placé immédiatement avant celui de Pierre de la Palud, ce qui prouve en quelle estime cette famille était tenue ; car dans les chartes de cette époque il est rare que la hiérarchie soit oubliée dans une énumération de seigneurs. En 1209 on trouve un Pierre de Montellier au nombre des chanoines comtes de Lyon. Dans son *Histoire de Bresse*, Guichenon nous apprend l'existence de Hugues, de Berlion et de Humbert de Montéllier qui vivaient, assure-t-il, vers 1235 (4). Enfin, par le testament de Chatard de Chamarcin, doyen de l'Eglise de

(1) Guigues, *Op. cit. verbo*, Montellier.
(2) Guigues, *Obituarium ecclesiæ Lugdunensis*, p. 235.
(3) Guichenon, *Bibliotheca Sebusiana*, cent. IIe cap. XVI, p. 258.
(4) Guichenon, *Histoire de Bresse et Bugey*, art. Montelier.

Lyon, en date du 4 novembre 1283, nous apprenons qu'il laissa dix livres viennoises à Guigues de Montellier, *domicello meo* (1).

Etienne de Villars fut un des seigneurs qui allèrent à la première croisade, mais nous ne savons point si quelque seigneur du Montellier l'y accompagna. Au cas contraire, ils eurent à faire bonne garde chez eux; car les manichéens, qui se rattachaient, par les doctrines, aux pauliciens de l'Orient et que l'on connaissait en France sous les noms divers de Picards, Patarins et plus tard d'Albigeois, parcoururent le pays par bandes nombreuses se livrant à toutes sortes de déprédations, du moins d'après l'assertion de Gâcon (2), qui leur donne le nom de Côtereaux.

Les seigneurs de Villars, quoique possédant de vastes et riches domaines, eurent toujours une nombreuse lignée féminine qu'il fallait doter, ce qui les conduisait à emprunter des sommes considérables qu'ils ne pouvaient restituer à l'époque fixée. Leurs créanciers les pressaient, et pour les satisfaire, ils se voyaient obligés à aliéner les terres et fiefs qu'ils tenaient de leurs ancêtres, et c'est ainsi qu'ils préparaient la ruine de leur famille.

Le premier exemple d'une transaction semblable remonte à l'an 1227, où Etienne de Thoire-Villars engagea à Humbert de Beaujeu l'hommage du Montellier et celui d'autres seigneuries pour une somme de 408 livres que son voisin d'outre-Saône lui avait autrefois prêtées (3). Le même Etienne renouvela cet hommage l'année suivante; mais il le fit debout en signe d'indépendance, puis plus tard, en 1253, Béatrix de Faucigny, mère et tutrice de Humbert VIII de Thoire-Villars, dut le renouveler à son tour. En août 1271, Renaud de Forez et Isabelle sa femme, qui avaient recueilli l'héritage de Guichard de Beaujeu, exigèrent

---

(1) Guigues, *Obituarium ecclesiæ Lugdunensis*, p. 109.

(2) Gâcon, *Histoire de Bresse et Bugey*, p. 46.

(3) Gâcon, *Histoire de Bresse et Bugey*, p. 49.

d'Humbert de Villars l'hommage pour les bourgs de Villars, la poype de Monthieu, à l'exception de la salle basse et les châteaux de Loyes, de Montelier et de Corsieu (1). Vingt après, en 1291, nous trouvons Berlion de Montelier prêtant au sire de Villars l'hommage pour le Montelier, mais à genoux et les mains dans celles de son seigneur comme c'était alors l'usage (2).

Au xive siècle, pendant que la guerre de cent ans ensanglantait la France occidentale, une miniature de cette lutte jetait l'épouvante et semait la ruine sur les versants septentrionaux des Alpes. Les comtes de Savoie et les Dauphins n'étaient point d'accord sur une question de succession ; de là des luttes interminables auxquelles tous les seigneurs du voisinage durent prendre part. Les sires de Beaujeu embrassèrent le parti du comte Edouard contre le dauphin Guigues, mais malheureusement, la fortune était parfois infidèle aux armes du comte, et en 1325, pendant qu'il poussait le siége du château de Varey, il fut attaqué par l'armée du dauphin et complètement mis en déroute. Le sire de Beaujeu avec un grand nombre d'autres seigneurs tombèrent prisonniers entre les mains de l'ennemi. A cette époque, il était de bonne politique de tuer fort peu et de faire le plus de prisonniers possible ; cette manière de guerroyer rappelait les guerres des républiques italiennes où il y eut plusieurs batailles considérables sans un seul mort. Les routiers de R. de Villandrado n'en agirent pas autrement à la bataille d'Anthon et ailleurs. Le sire de Beaujeu dut payer une forte rançon et entre autres terres et droits, on exigea de lui l'hommage sur le Montellier. Voici les termes mêmes de l'acte qui fut passé à Saint-Vallier, le 24 novembre 1327 : *Item dictus Guiscardus dedit et tradidit directum dominium et feudum poypiæ*

(1) La Roche Lacarelle, *Histoire du Beaujolais*, I, p. 116. — Huillard-Bréholles. — *Inventaire des titres du Bourbonnais*, n° 521.

(2) Guichenon, *Histoire de Bresse et Bugey*, art. *Montelier*.

del Montellier, poypiæ de Corzieu, etc. (1). Comme toute fidélité mérite récompense, le sire de Beaujeu reçut du comte de Savoie l'inféodation de Coligny-le-Neuf, Buerne, Thoissey et Lent, plus la promesse de 40,000 livres viennoises, ainsi qu'il en conste par l'acte du 29 janvier 1338 (2).

Ces changements multiples et l'enchevêtrement inconcevable d'hommage à divers degrés de fiefs et d'arrière-fiefs, dépendants de seigneurs plus ou moins éloignés les uns des autres, ne pouvaient qu'engendrer des différents sans fin. Ce fut pour cette raison, qu'en 1212, les seigneurs de Villars et de Beaujeu furent obligés de passer une convention par laquelle ils s'engageaient réciproquement à ne prendre en fief ou arrière-fief aucune terre qui ne relèverait de l'autre (3).

Le château du Montellier fut bâti vers cette époque, si toutefois il n'existait point auparavant; car Guichenon nous assure que sa construction fut due à Humbert de Thoire-Villars. Quoi qu'il en puisse être, il élevait déjà fièrement ses tours le 9 mars 1331; puisque, à cette date, Jean de Villars le reçut en avancement d'hoirie avec le village de Joyeu et d'autres dépendances (4). Ce Jean de Villars parut, en qualité de seigneur du Montellier, à l'acte de promesse faite en 1345 par plusieurs grands seigneurs d'observer le traité que le Dauphin et le Roi de France venaient de signer entre eux (5).

Il eut pour fils Eudes ou Oddon, un des plus illustres possesseurs de notre vieux château. Feudataire du comte de Savoie, il dut suivre son suzerain dans la guerre du Milanais contre Galéas Visconti. Il s'y distingua par plu-

---

(1) Valbonnais, *Histoire du Dauphiné.* pr. n° XXVIII. Les arch. du Montellier possèdent une copie de ce titre.

(2) Valbonnais, *op. cit.* II. p. 211.

(3) Gâcon, op. cit., p. 68.

(4) Guichenon, *Bresse et Bugey*, art. Montellier.

(5) Guichenon, id. op., p. 266, continuat. de la 3ᵉ partie.

sieurs actions d'éclat et particulièrement à la bataille d'Asti. Cette ville était assiégée par les Milanais, lorsqu'ils furent attaqués par les troupes de Savoie commandées par Oddon qui les défit complètement. Leur chef prouva par là qu'il n'était point indigne de la chevalerie qui lui avait été conférée avant la bataille par le comte Vert en personne, et après laquelle cérémonie, ajoute la chronique, *sonnèrent trompettes et menestriers en actendant à grand bandeur leurs ennemis* (1).

Lors des différends qui surgirent entre Amédée V, Amédée d'Achaïe et le marquis de Saluces à propos de l'hommage de ce dernier marquisat, les parties, d'un commun accord, ne crurent pouvoir faire mieux que de s'en remettre à l'arbitrage d'Oddon. La renommée de sa sagesse et de sa valeur était si grande que les Etats de Savoie le désignèrent comme conseiller nécessaire auprès de Bonne de Bourbon, tutrice d'Amédée VIII. Lorsque le prince fut recherché en mariage par le duc de Bourgogne, qui voulait lui faire épouser sa fille, ce dernier se confia à Oddon du soin de faire réussir sa demande. La négociation aboutit et le jeune comte Amédée fut conduit par le seigneur de Montellier à Tournus où les attendaient le duc de Berry et le duc de Bourgogne. Le mariage fut conclu sans aucun retard, et pour le remercier et l'honorer en même temps, Oddon fut nommé gouverneur et compagnon du comte. Il devint plus tard gouverneur de Savoie et en cette qualité, en novembre 1397, il signa l'ordonnance autorisant le fameux duel entre Othon de Grandson et Gérard d'Estavayer (2). Ce fut encore à lui que les serfs de Montberthoud durent leur affranchissement, au moins partiel (3). Enfin, pour comble d'honneur, il fut nommé chevalier de l'Annonciade (4) et obtint

(1) *Mon. hist. pat. scriptorum, I. Chroniques de Savoie*, col. 32.
(2) Guichenon, *Bresse et Bugey*, art. Villars.
(3) Gâcon, op. cit., p. 81.
(4) Capré, *Catalogue des chevaliers de l'Annonciade.*

3

ainsi le droit de signer les contrats de mariage des princes
de Savoie et d'avoir la préséance sur tout autre auprès de
la personne du souverain.

En reconnaissance des excellents conseils de son gouverneur, qui mourut en 1419, Amédée VIII lui fit célébrer de
splendides obsèques, le 20 mars 1415, à l'abbaye de la
Chassagne ; treize cent cinquante-sept chapelains ou religieux y assistèrent et l'on présenta dix chevaux à l'offer-
toire de la messe. Ce noble témoignage de l'estime d'un
grand prince pour un fidèle serviteur est aussi glorieux
pour l'un que pour l'autre (1).

Le noble défunt ne laissa point d'enfants d'Elise Baux, sa
femme, et son héritage fut recueilli par ses sœurs, les da-
mes de Montbel et de Montrevel. Le partage eut lieu le
14 mars 1418, et le Montelier échut à la dame de Montbel,
épouse de Gui de Montbel d'Entremont. Il resta dans cette
famille jusqu'au mariage de Jacqueline de Montbel avec
l'amiral Gaspard de Coligny.

Cette famille eut à remplir quelques obligations contrac-
tées par les anciens possesseurs du Montelier. Ainsi Gâcon
nous apprend que Jean de Villars, grand-oncle de Guigues
de Montbel, avait légué 800 florins à l'abbaye de la Chassagne. Cette somme ne fut jamais soldée et à la mort de Guigues, advenue en 1435, il légua à l'abbaye les dîmes du
Montellier et de Joyeu en paiement de cette dette. Quatre
ans plus tard, le 21 mai 1439, frère Guillaume Rivier, abbé
de la Chassagne fit abandon de tous les droits qu'il avait
acquis sur la seigneurie de Montellier entre les mains de
Jean de Seyssel, seigneur de Barjact, maréchal de Savoie
et tuteur de Jacques de Montbel, et cela moyennant la
somme de 300 florins de Savoie. La transaction fut reçue
par Philippe Meyneyrius, notaire à Bourg en Bresse (2).

Les seigneurs de Montbel ne possédaient qu'une por-

(1) Costa de Beauregard, *Souvenirs du règne d'Amédée VIII*, p. 23,
(2) *Inventaire des archives du château d'Espine*, folio 210.

tion du Montellier, car le reste provenant de la succession
d'Etienne de Montellier, dernier seigneur de ce nom, passa
aux mains de la famille d'Ars en la personne de Roland
d'Ars, héritier universel dudit Etienne. Guillaume, fils de
Roland, en jouit à son tour, et à sa mort, sa part de droits
échut à Anthonie sa fille, épouse de Guillaume de Chiel.
La juridiction sur les hommes et les biens qu'il possédait
au mandement du Montelier avait été confirmée à Guillaume d'Ars par Jean de Villars, le 22 mai 1347 (1).

Le Montellier possédait donc cette *alta justitia, merum
imperium et jus gladii* dont il est si souvent fait mention
dans les chartes du moyen-âge. Quoique chacun sache en
quoi consistaient ces droits, il n'est peut-être pas inutile
de le rappeler en quelques lignes. Le *merum imperium*
comportait la connaissance de tous les crimes punissables
de mort naturelle, de mort civile, de mutilation ou incision
des membres, de fer chaud, du carcan, etc.

Les hauts justiciers, ainsi que l'on appelait ceux qui
jouissaient de ces droits, pouvaient ériger leurs fourches
patibulaires aux limites de leurs domaines. Ils avaient en
outre le droit de couper les têtes, de brûler, de calci-
ner les corps, d'écarteler, de pendre, etc., *capita tron-
candi, urendi, comburendi, igne consumandi, ecarte-
landi, pendendi, capiendi, detinendi et corporaliter om-
nes delinquentes puniendi,* selon les termes d'une reconnaissance de 1320 (2).

Guillaume de Chiel dont nous avons déjà parlé, eut
plusieurs démêlés avec Jean de Villars, frère d'Oddon, qui
exerçait la haute juridiction au Montellier. A la demande
de Guillaume, une enquête eut lieu en 1367 sur l'autorisa-
tion d'Oddes ou Oddon de Villars, qui était alors à Lyon.
Cette pièce nous apprend que les seigneurs de Montellier
levaient les bans, *bannegiabant,* mais n'exécutaient pas,

(1) Arch. du Montellier.
(2) Menabréa, *Montmélian et les Alpes,* passim.

car un certain Darus, homme du Dauphin, fut conduit en chemise et la tête nue, au pied du pont du Montellier, et là, livré aux hommes du comte deVillars qui le pendirent. *Vidit suspendere per gentes domini del Montellier, quemdam hominem vocatum Darum qui fuerat homo domini Dalphini* dit le témoin Etienne Lauty. Mathieu Blanchy dépose : *Reddidit gentibus domini del Montellier quemdam hominen in camisia et nudo capite in pede pontis dou Montellier qui homo vocabatur Darus deinde fuit suspensus.* Cette même enquête nous apprend que la mesure d'Etienne de Montellier n'était pas du goût des habitants, car ils brisèrent celle qu'il avait fait placer chez un certain Brasier pour y vendre son vin, *ipsas mensuras destruxerunt et fregerunt* (1).

Cette enquête prouve que les héritiers du dernier seigneur de la famille de Montellier avaient le droit d'exercer la moyenne justice; mais non le *mere empire.* Ce dernier droit fut octroyé à Guillaume de Chiel par Oddon de Villars, le 27 février 1403 (2) moyennant la redevance annuelle de cent sous d'or.

La moyenne justice dont nous venons de parler était pour les seigneurs la source de revenus très-considérables. Ils touchaient l'argent de la vente des biens des condamnés à mort, le produit des bans, *banna comdempnata et banna concordata*, la taille seigneuriale soit la taille pour la rançon du seigneur, *pro redemptione domini,* pour son mariage, pour payer les frais de guerre, etc. Le péage des moulins, les fours, la succession des usuriers, les droits de chasse, le toisage, le vintain ou droit pour la réparation des murs du château, le guet, etc., leur appartenaient ainsi que les autres droits innombrables qui variaient suivant les localités et étaient parfois très-bizarres (3).

(1) Original, archives du Montellier.
(2) Original, arch. du Montellier.
(3) Un certain Baudouin, par forme de reconnaissance, devait faire

A la mort d'Oddon, notre château était donc possédé en conseigneurie par la famille de Montbel et par celle de Chiel; celle-là en possédait le donjon et l'ancienne salle, celle-ci jouissait du château et du mandement judiciaire qui lui fut confirmé, le 24 janvier 1474, par Guillaume de Montbel, seigneur de Nattage et comte d'Entremont, moyennant la somme de 500 écus d'or (1).

A cette époque, le château dut être maintenu en état permanent de défense, car les grandes compagnies de routiers ou d'écorcheurs que la cessation des guerres avait laissées sans occupation, rôdaient de tous côtés dans des intentions peu rassurantes pour des places isolées comme le Montellier. Le capitaine Simon s'était emparé de Vimy (Neuville-sur-Saône) en 1443, et il ne fallut rien moins que la célèbre bombarde la Gandinette, fondue à Bourg, pour l'en déloger (2). Les nombreux boulets en fer trouvés soit à l'intérieur soit à l'extérieur des remparts du Montellier, sont peut-être les souvenirs de sa visite au château. D'autres bandes connues sous le nom de Verts-manteaux, venant du pays de Foix, ravagèrent le pays à leur tour vers 1483. Ces incursions presque toujours imprévues, obligeaient les seigneurs à se pourvoir d'armes nouvelles, et le canon tubulaire en fer forgé qui existe encore au château doit dater

devant le roi d'Angleterre, *unum saltum, unum suffletum et unum bumbulum*, c'est-à-dire un saut, un souffle et un petit p... (Salvaing. *De l'usage des fiefs*, p. 23). Il y a quelques jours (30 octobre 1868) que le *sollicitor* de la cité de Londres se rendait solennellement au palais de la reine pour s'acquitter de sa corvée, ce qu'il fit en coupant gravement un fagot de bois; puis il paya pour le ténement de la Forge, paroisse de Saint-Clément-des-Danis, la redevance annuelle de six fers à cheval et soixante-un clous. L'officier de la couronne compta les fers et les clous, prononça le mot traditionnel *bon compte* et le représentant de la cité se retira.

(1) Original, Arch. du Montellier.

(2) Costa de Beauregard, *Souvenirs du règne d'Amédée VIII*, p. 30.

de ce siècle ou peut-être du xɪvᵉ. Cette pièce, parfaitement conforme au dessin que donne M. Viollet-le-Duc d'une sarre ou veuglaire de cette époque (1), mesure un mètre quarante-cinq centimètres de long ; le diamètre intérieur du tube est de quatre centimètres. La boîte qui s'enchâssait à la culasse et qui contenait la poudre et le boulet, n'existe plus comme dans la plupart de ces pièces que nous possédons encore ; celle du Montellier est garnie de deux anneaux afin de pouvoir la suspendre.

Les fortifications étaient d'ailleurs assujéties à des visites ; car nous trouvons à l'inventaire (2) la mention d'une inspection militaire du château en 1526, à laquelle était jointe la liste des hommes qui s'étaient montrés négligents à garder les portes.

La race des seigneurs de Chiel s'éteignit en la personne d'Oddon, dont le testament est daté du 22 décembre 1485. Cette pièce nous initie à la splendeur des sépultures de cette époque. Le testateur veut être enterré dans la chapelle de Saint-Laurent, fondée par ses ancêtres en l'église Sainte-Madeleine du Montellier (3), et exige en outre que l'on réunisse deux cents prêtres ou religieux pour chanter l'office des morts ; chacun d'entre eux devait recevoir trois gros de monnaie courante. Le luminaire consistait en cinquante torches et vingt-quatre cierges. La chapelle de Saint-Laurent n'étant pas encore construite, il lègue 400 francs à cet effet. Jeanne de Saint-Trivier, sa deuxième femme, reçut sa maison de famille, et ses deux filles, Françoise qu'il avait eue de Marguerite Maréchal, sa première femme, et Claudine qu'il avait eue de la seconde, furent constituées héritières universelles (4).

---

(1) *Dict. rais. de l'Archit.*, V, 247.

(2) *Invent. des Arch. du chât. d'Espine*, folio 268.

(3) Il existait déjà une église au Montellier en 1374.

(4) Copie authentique (arch. du Montellier) ; l'original est aux archives départementales.

En 1488, les deux enfants encore en tutelle partagèrent le château du Montellier entre elles; à Claudine,qui épousa plus tard Jacques de Grôlée, échut la grande tour où est l'horloge, l'ancienne grande cour avec le four et la tour appelée Freydenosse, avec la cour depuis le coin de la grande cour neuve jusqu'au coin des étables anciennes; Françoise, qui épousa Charles de Montbel, eut la maison haute, moyenne et basse, la tour de Fréchet, la tour de Bergier haute, moyenne et basse et une portion de la cour à prendre du coin des étables anciennes jusqu'au coin de la maison neuve. Le puits et le pressoir restaient en commun (1). Les seigneurs de Montbel possédaient déjà le

(1) Voici le texte du passage :

Et primo ex magna turri in qua horologium est positum, magna aula antiqua cum furno et turris appellata de freydenoss a parte seri in dicto castro Montislierii situate, cum recepto et curia a cadro magne aule nove usque ad cadrum stabularum antiquarum, seu prime domus torcularis, predictam curiam cum recto filo limitandam et a dicta turri de freydenoss tendendo ad dictum cadrum stabularum antiquarum.juxta fossalia donjoni dicti loci ad partem partagium supra dicte Claudie... cum fondo ingressibus et egressibus per magnam portam... Item viridarium extra et prope castrum dicti loci a parte seri situatum juxta fossalia dicti castri... vercheriam appelatam du Noyers et mansum juxta plastrum dicti castri ex vento. Etiam ad partagium nobilis Claudie devenit et pertinet.

Domus nova alta media et bassa turris appellata de Bergier retro grangiam in'qua fenum reponitur alte medie et basse : dicta grangia a parte orientis in dicto castro situata cum recepto et curia a cadro dicte domus nove predictam curiam limitandam usque ad predictum cadrum domus stabulorum antiquorum cum recto filo ut supradictum est, tendendum ad partagium supradicte francesie... item quod pu-

donjon et les parties non mention..ées. et par le mariage de Charles, la part des Grôlée se réduisit à bien peu de chose.

Les deux conseigneurs ne tardèrent à voir surgir entre eux des démêlés au sujet de la juridiction sur les hommes de leur ressort, et de nombreuses transactions eurent lieu. La dernière (1513) est un arbitrage émanant de révérend père en Dieu, messire Jean de la Forest, grand *aumognier* de Savoie, prieur de Nantua, assisté de Joffrey Passier, avocat fiscal général de Savoie, et de noble Claude de Mareste, seigneur de Luissey (Lucey) et du château de Culle. Ce personnage eut l'idée bien simple de donner les noms de tous les hommes relevant de la juridiction du seigneur de Grôlée, et ainsi fut calmée cette tempête dans un verre d'eau (1). Le trianné avait été réglé l'année précédente par le duc de Savoie, deux tiers devaient échoir au seigneur de Montbel et un à son voisin de Grôlée (2).

La comté de Villars étant échu au bâtard René de Savoie, Charles de Montbel lui en fit hommage et en reçut l'investiture en 1499 (3). Jacques de Grôlée s'exécuta aussi et en reçut sa mise en possession le 4 août de la même année.

theus situatus in predicto recepto et curia ante dictam domum novam existens et torcular inter dictas sorores remanent et remaneri debent communes et per eguali portione.

Item curtile et columbarium in dicto curtili situatum prope dictum castrum juxta vercheriam canaperie dicti castri ex mane. Iter publicum tendens a trivio du pylloris lugduni... Actum apud Montilierium in capella ipsius loci anno M° CCCC° LXXX° VIII° indictione sexta et die vicesima mensis octobris.

(1) *Inventaire des archives,* folio 83.
(2) Original (Arch. du Montellier).
(3) *Inventaire des archives,* folio 192.

Malgré cette dernière accession de puissance, la famille
de Montbel ne parvint à réunir le Montellier entre ses mains
que le 2 juin 1554 que Sébastien acquit d'Etienne de Grôlée
sa portion du château en échange du fief de Virignin. Une
autre et dernière parcelle fut rachetée de Françoise de
Grôlée, le 9 décembre 1588 (1). La seigneurie du Montellier fut alors agrandie de deux de ses anciens fiefs :
Cordieu-la-Ville et Gletteins provenant de la famille de
Franchelins qui les avait cédés à Charles de Montbel, le
29 novembre 1500.

Ce fut Sébastien qui fit construire l'édifice qui se trouve
au delà de la prison, ainsi que nous l'apprenons par l'ins-
cription suivante placée sur la façade :

1508

SEB. COMES

HOC OPVS

FIERI. FECIT.

Sébastien, après avoir hérité de tous les biens de son frère
Révérend Claude de Montbel, protonotaire apostolique,
prieur de Conzieu et de Clarafond, Sébastien dut chercher
femme aimable et bonne pour partager son opulence et égayer
ses loisirs. Son choix tomba sur Béatrix Pacheco, parente de
cette héroïque dona Maria Pacheco, veuve de Juan de Pa-
dilla, qui se défendit si bravement dans Tolède contre les
armées royales (2). Cette jeune Espagnole fut élevée dès
son bas-âge à la cour de France par la reine Eléonore, elle
même espagnole. François Ier la naturalisa française par
lettres datées de Saint-Germain-en-Laye (mars 1545 (3).
Lors de son mariage, la reine de France voulant lui donner
un témoignage de sa haute amitié lui fit présent de trente

(1) Guichenon, *Bresse et Bugey*, art. Montbel.
(2) Robertson, *Hist. de Charles-Quint*, II, p. 255 (édit. Jannet).
(3) *Inventaire des archives*, folio 480.

mille livres tournois et le roi ne voulant point être en retard de générosité grossit la somme de 20,000 livres. La
reine Eléonore lui laissa en outre par son testament un
legs de 300 écus de rente (1) que sa fille et héritière, l'infante d'Espagne, ne se hâta point de solder, ainsi que le
constatent les titres existant aux archives du Montellier. De
ce mariage qui eut lieu le 17 novembre 1559 naquit Jacqueline de Montbel.

Cette malheureuse favorite de la reine Eléonore, après
deux mariages illustres, devait mourir ignominieusement
dans un cachot victime de ce qu'il est convenu d'appeler
raison d'Etat. Son premier époux fut Claude de Bastarnay,
fils de Réné de Bastarnay et d'Isabeau de Savoie. De cette
union ne naquit aucun enfant. En deuxièmes noces, la
jeune veuve épousa l'illustre amiral Gaspard de Coligny,
issu d'une ancienne et puissante famille du Revermont.

A l'époque où il fut recherché en mariage par l'héritière
du Montellier, l'amiral se trouvait à la Rochelle, le principal boulevard du protestantisme en France. Quelle que
fût l'impatience de dame Jacqueline, le voyage était trop
long pour qu'elle pût l'entreprendre en personne et il lui
fallut forcément attendre. Mais « ce que femme veut, Dieu
le veut », dit le vieux proverbe, et rien ne rebuta la noble

(1) Voici les termes du codicille : « Et premier voulons et ordon-
« nons que combien que dona Beatrix Pacheco, comtesse d'Entre-
« mont, ne soit présentement en nostre service quelle aye et joysse
« sa vye durant de la pension de cincq cents escuz que en nostre
« premiere codicille luy avons laissée; semblablement voulons que
« combien que la fille de ladite dona Beatrix ne soit en nostre service
« pour le present quelle ayt pour ladvancement de son mariage ung
« cuentz pour une fois délaissé au premier codicille. » Le premier
codicille portait : « A la fille de ladite comtesse qui est à mon service
« pour l'advancement de son mariage ung cuentz pour ung coup... »
« faict en la ville de Bruxelles le dixiesme d'aoust en l'an mil cincq
« cens cinquante six. » (Archives du Montellier.).

veuve. Quoi que l'on fût en hiver, elle se rendit à Cerdon en Bugey, et là, par-devant maître Pierre Ravier, notaire, elle passa procuration au seigneur de Belmont qui devait se rendre à la Rochelle et conclure ce mariage. L'acte passé le 10 février 1571, fut dûment scellé d'un sceau en placard de cire rouge et confié au mandataire qui, malgré les dangers d'un long voyage, arriva sain et sauf à sa destination.

Telle fut la diligence du seigneur de Belmont, que le contrat de mariage fut signé le 24 mars par-devant Arnauld Salleau, notaire de la ville. Les parties contractantes déclarant réciproquement *se prendre pour mary et femme, toutesfois et quantes que l'un par l'autre en sera requis par devant l'église de Dieu.*

Tous les biens de la famille lui furent remis en dot, sauf l'usufruit que se réservait son père, de qui elle reçut pour subvenir aux frais du mariage, la jouissance de son *comté, chastel, terre et seigneurie d'Entremont.*

Le contrat eut pour témoins de hauts de puissants personnages ainsi qu'il en conste par la finale que voici :
« Ce fust fait et passé en la ville de la Rochelle, en pré-
« sence de très hautte et très puissante dame et princesse
« Jeanne de Navarre, dame souveraine de Béarn, duchesse
« de Vendosmois et de Beaumont, Henry, prince de Na-
« varre, duc de Vendosmois, etc., François de Bourbon,
« marquis de Conty et Charles Monsieur, Louis, comte de
« Nassau, de Catzenelbogh, etc., François, comte de La
« Rochefoucauld et François de Nancuise, seigneur de
« Beaufort, estant tous présents en la ditte ville de la Ro-
« chelle, le 24me jour de mars MDLXXI (1). »

Cette union ne fut pas de longue durée et l'amiral n'eut que le temps de venir visiter son épouse et son nouveau

---

(1) *Preuves de l'histoire de l'illustre maison de Coligny*, par Du Bouchet, Paris, 1662, p. 551.

château, où depuis lors la chambre de la châtelaine porte le nom de *chambre de l'amiral.*

S'il eût pu jouir longtemps de la vue si calme de la Dombe, il n'aurait pas été présent à Paris lors de cette triste journée du 24 août 1572, où la fureur et la trahison de Besme traînèrent ses cheveux blancs dans la boue, déjà ensanglantée par le meurtre de ses coreligionnaires.

Le massacre de la Saint-Barthélemy a été enregistré en ces termes par l'amiralle sur la garde d'un volume que l'on conservait encore au château de Châtillon vers la fin du xviiᵉ siècle : « Le 24 août 1572 a été mis à mort monseigneur « et mary Gaspard de Chatillon, admiral de France, avec « beaucoup de noblesse française et de peuple; ayant « laissé sa désolée femme grosse de cinq mois. » Sur le même feuillet on lisait : « Le 21 décembre 1572, *fut née* « *Béatrix de Coligny, ma fille, à 10 heures du matin, à* « *Saint-André de Briord en Savoye.* »

Laissons vagir l'enfant dans son gracieux berceau, et sans nous arrêter au jugement du Parlement de Paris, qui déclare les enfants dudit feu de Coligny *ignobles, vilains, roturiers, intestables, indignes et incapables de tenir office,* retournons auprès de sa veuve en deuil et suivons-la à travers les phases de son orageuse vie.

A peine le duc Emmanuel-Philibert fut-il rentré en possession de ses Etats, qu'il s'aperçut que sa frontière était trop facile à envahir du côté de la Bresse, et il s'avisa d'y ériger de vastes seigneuries en faveur de ses loyaux serviteurs. Il espérait que par ce moyen, une partie du fardeau de la défense serait entrepris de gaîté de cœur par ces sortes de marquis ou gardiens de marches. Son édit du 31 décembre 1576 déclarait que nul ne serait élevé à la dignité de marquis, s'il ne pouvait justifier d'une rente de 5,000 écus en biens fonds, et qu'en outre les concessions antérieures seraient déclarées nulles et non avenues au cas de la non justification de cette condition essentielle.

La dame du Montelier remplit apparemment les condi-

tions requises, car elle reçut les lettres qui érigeaient en
marquisat notre vieux château, en lui adjoignant la terre
de Saint-André-de-Briord et en lui concédant le premier et
second degré de juridiction. Ces patentes dont l'original
existe au château dûment enluminé et portant en chef les
armes de Savoie, datent de Turin, le 1er avril 1583 et sont
motivées par les services rendus par les prédécesseurs
de Jacqueline et aussi à cause de la grandeur de sa maison (1).

Quelles que fussent les raisons réelles, il est évident que
le duc de Savoie n'avait qu'à gagner en s'attirant les bonnes grâces d'une riche héritière, possédant en propre le
château d'Entremont qui interceptait une des gorges par
lesquelles Sa Majesté de France pouvait pénétrer dans ses
Etats, il y avait aussi une raison particulière ainsi que
nous allons le voir.

Chaque monarchie a eu le talent de toujours trouver des
motifs d'une plausibilité apparente, pour jeter en prison
quiconque gênait soit son ambition, soit sa tyrannie ou
même quiconque possédait terres, pays ou châteaux à sa
convenance. La marquise du Montellier jouissait tranquillement à Turin des longs loisirs de son veuvage et s'occupait à l'éducation de sa fille unique, lorsque par un beau
jour elle se vit brutalement arracher à son intérieur et conduire dans les prisons ducales. Quel crime avait donc commis cette pauvre femme? l'emprisonnait-on pour avoir joui
des faveurs du vainqueur de Saint-Quentin, ou était-ce parce
que son mari avait été hérétique et que son voisinage gê-

(1) Cognoissans d'ailleurs que la maison d'Entremons est des premières nobles et segnalées de noz estatz et delaquelle sont yssus come
il est assez notoyre personages de grande ualeur cuer genereux et
tres affectionez a notre seruice..... erigeons creons et esleuons en
titre dignité et preheminance de marquisat..... scellé de nostre
grand scel a cheual pour plus de ualidité. Thurin 1er jour d'apvril
M. D. huittante trois. (Ce sceau manque.)

nait la très-catholique cour de Savoie? Rien de tout cela, Jacqueline de Montbel d'Entremont, veuve de l'amiral Gaspard de Coligny, était sorcière, elle était accusée d'avoir *invoqué, adoré et encensé les diables*, et d'avoir en outre *endiablé une fille qu'elle avait eue du feu duc.*

Heureusement, du moins à ce qu'elle croyait, le Roi de France qui avait signé à son contrat de mariage, s'intéressait à elle, et par la voie du célèbre cardinal d'Ossat, son ambassadeur à Rome, il écrivit à Clément VII pour le prier de veiller à ce qu'aucun mal ne fût fait à la dame du Montellier. Le pape répondit au cardinal qu'il *ne permettroit point qu'on lui fît injustice, mais que les imputations étoient si atroces, qu'il ne pouvait de moins que de voir ce que c'estoit.*

Malgré toutes les difficultés qu'il eut à surmonter, le cardinal obtint qu'elle fût remise aux mains du nonce à Turin, mais il lui fut impossible d'obtenir du duc qu'on permît à la prisonnière d'habiter sa maison de ville où elle aurait pu être gardée à vue par les gens de la force ducale. Avant de la juger, il s'agissait de vider une question fort importante : à savoir si le sortilège avait eu lieu *avec* ou *sans* invocation de diables. La dernière hypothèse était celle soutenue par la cour de Turin; car l'affaire aurait alors été du ressort du Sénat et ni le nonce ni l'autorité ecclésiastique n'auraient eu à s'y immiscer. Le pape en décida autrement et commit le nonce pour en juger, en lui adjoignant toutefois, pour ne pas s'aliéner le duc, l'archevêque de Turin.

Le cardinal d'Ossat tenait Henri IV au courant de cette affaire et nous apprenons par une de ses lettres que l'amirale, car c'est ainsi qu'on l'appelait alors, lui avait envoyé, sous le sceau du secret, la copie d'un dialogue entre elle et le président Vivaldi, d'où il ressort que le plus grand crime de la marquise du Montellier était de posséder le château d'Entremont que convoitait le duc de Savoie. On laissa pourtant entrevoir à la soi-disant sorcière qu'il y aurait possibilité de délivrance si elle voulait consentir au mariage de sa fille avec un des seigneurs de la cour; car de cette façon, le château eût passé aux mains d'un des confidents du duc. Parmi ceux que l'on proposait, se trouvait M. de Meuillon qui, d'après les lettres du cardinal, *était un homme bien composé de corps et d'esprit.* Quant à la pauvre Béatrix, l'air humide des cachots ne lui avait point développé la beauté physique, car l'ambassadeur de France nous apprend qu'elle *avait plus de vertus et de biens que de beauté ni de santé.*

Tant et de si longues souffrances minaient la santé de la dame du Montellier et elle mourut en prison, d'une *très-chrétienne et belle fin,* en novembre 1599 (1).

La mère étant morte, il n'y avait plus de raison de retenir la fille prisonnière; elle sortit pour être comblée d'honneurs, et si on lui enleva les chaînes de fer on la couvrit d'un réseau serré de fils d'or. Elle devint dame d'honneur de Catherine, infante d'Espagne, duchesse de Savoie, et deux ans après la mort de sa mère, elle épousa son ancien admirateur, le baron de Meuillon.

Le 17 juillet 1600, fut passé un contrat en français, puis un autre en italien, le 31 novembre de la même année, et en présence de Philippe, prince de Piémont, Charles de la Lasorne et autres grands seigneurs; Claude-Antoine Bon, baron de Meuillon et Montauban, grand chancelier de Savoie épousa Béatrix de Coligny, marquise du Montellier qui remettait en dot à son mari 50,000 écus d'or hypothéqués sur tous ses biens (2).

Ce fut peu de temps après ce mariage, en 1604 que tous les toits du corps de logis du château ainsi que celui de la tour Groléo furent refaits par les charpentiers Jean Gros et Pierre Brison (3).

<hr>

(1) Du Bouchet. *Preuves de l'histoire de l'illustre maison de Coligny,* Paris, 1662, in-folio rare, *passim.*

(2) *Id. op.,* p. 586.

(3) *Prix fait des travaux.* (Archives du Montellier.)

Françoise de Meuillon, issue de ce mariage, épousa Louis, marquis de la Chesnelaye, et en eut Marie-Charlotte de Romillé de la Chesnelaye qui épousa, en 1688, Guillaume-François-Antoine de l'Hospital, marquis de Saint-Mesme et du Montellier. Ce personnage fut un grand géomètre, très-savant en algèbre et en mathématiques. Il devint vice-président de l'Académie des sciences de Paris, et mourut à l'âge de 43 ans, le 3 février 1704 ; sa femme lui survécut jusqu'au 2 juillet 1737 (1).

La femme du marquis de l'Hospital avait hérité du Montellier à la mort de son oncle Elie-Louis de Montbel d'Entremont, lieutenant général du Roi en Bresse et Bugey, auquel il advint par la mort de Gabriel d'Entremont. Il ne faut pas nous étonner de voir reparaître le nom de Montbel d'Entremont, car les enfants du baron de Meuillon l'avaient repris. Le portrait d'Elie-Louis peint par Ferdinand Laisne, en 1638, orne encore le salon du Montellier et fait pendant à celui de Jean-François de Montbel d'Entremont, peint par le même artiste.

Le 9 novembre 1709, Charlotte Sylvie, fille du marquis de l'Hospital, née le 13 juin 1689, épousa Claude-François-Joseph de Chevriers d'une ancienne famille lyonnaise. Elle mourut, jeune encore, laissant le Montellier à la famille de Chevriers, dont les armoiries existent au-dessus de la porte du donjon et au salon actuel ainsi que nous l'avons dit en décrivant la salle. La seigneurie était alors estimée 188,000 livres dont 8,000 pour les meubles meublants (2). La fille du seigneur de Chevriers, Anne-Sylvie-Raymonde, reprit le fief le 28 novembre 1772, en qualité d'unique héritière de son père, décédé à Lyon le 29 décembre 1758.

---

(1) La Chesnaye des Bois. *Dict. de la noblesse*, t. VII, art. Hospital.

(2) Jules Baux. *Nobiliaire du département de l'Ain*, art. Montellier.

La dame de Chevriers vendit le Montellier à M. Antoine Greppo par contrat passé chez Aubert, notaire à Paris, le 4 novembre 1781, pour la somme de 450,000 livres, dont une partie fut convertie en rentes viagères. Cette dame, influencée probablement par les idées égalitaires de l'époque et un ressouvenir des passions romanesques du règne de Louis XV, épousa son coiffeur qui signait les reçus de rente encore existants du nom de Charvin.

Le règne de l'économie sociale et agricole s'avançait à grands pas, et M. Greppo s'appliqua à développer les étangs du pays, mais son fils Gabriel comprit que l'existence des fièvres paludéennes n'était pas de bonne entente et commença à dessécher quelques petits étangs, voie dans laquelle il fut suivi par son fils Jean-Antoine Greppo. De nos jours, on dessèche sur une grande échelle, grâce aux primes distribuées soit par l'abbaye de Notre-Dame-des-Dombes, soit par la Compagnie du chemin de fer. Bientôt plus de six mille, sur les quatorze mille hectares d'étangs, seront desséchés, et M. Jules Richard, le présent propriétaire, continue activement cette œuvre de régénération. Au lieu d'être un foyer de fièvres, le pays deviendra dans quelques années un vaste grenier de céréales et un lieu agréable de villégiature en même temps qu'un joyeux rendez-vous de chasse.

De nos jours, quoique l'agriculture se soit emparée de l'antique château, il reste encore l'antique hospitalité, et si les grains et les fourrages ont remplacé dans les tours les casques et les lances, la musique et les chants y égaient les vieux souvenirs et parfois un rayon de poésie vient irradier la calme atmosphère, et faire battre tous les cœurs. Le soir, la cloche y convie à la prière, et pour qui l'a vue, cette cérémonie sainte laisse un profond et durable souvenir. La lampe solitaire éclaire la vieille chapelle du donjon et les mâles vertus domestiques brillent calmes sur les figures des maîtres et des serviteurs. C'est en souvenir d'une journée passée au Montellier que j'ai écrit cette notice ; ainsi, ami lecteur, sois indulgent ; car les heures de vrai bonheur sont aussi rares en ta vie qu'en la mienne et j'aime à les fixer, les fugitives jeunes folles, par un écrit ; car, dit-on, *scripta manent, verba volant.* Ainsi donc, lecteur, accepte ceci :

Ad dulcem diei memoriam.

ARMORIAL DU MONTELLIER EN BRESSE

VILLARS.

Famille possédant le *directum dominium*. Elle portait d'or à trois bandes de gueules.

(Guichenon. *Bresse et Bugey*).

MONTELLIER.

Famille qui s'éteignit dans la première moitié du xıv⁰ siècle. Elle portait d'argent à trois bandes de gueules.

(Guichenon, *Histoire des Dombes*, t. II.

MONTBEL D'ENTREMONT. — 1418-1571.

D'or au lion de sable, armé et lampassé de gueules, à la bande componnée d'hermine et de gueules de six pièces brochant sur le tout.

(Guichenon. *Bresse et Bugey*).

ARS. — 1347-1367.

Palé d'or et d'azur.

(Steyert. *Armorial du Lyonnais*).

CHIEL. — 1367-1485.

D'or à la bande de gueules, au lambel de cinq pendants d'azur.

(Steyert. *Armorial du Lyonnais*).

GRÔLÉE. — 1488-1588.

Gironné d'or et de sable.

(Guichenon. *Bresse et Bugey*).

COLIGNY. — 1571-1600.

De gueules à un aigle d'argent, membré, becqué et couronné d'azur, armé et langué d'or.

(Guichenon. *Bresse et Bugey*).

BON, BARON DE MEUILLON ET MONTAUBAN. — 1600.

La famille Bon portait d'azur à la patte de 'griffon issante du côté dextre de la pointe, tenant une bande d'argent chargée de trois étoiles de gueules. — Meuillon portait de gueules chaussé d'hermine. — Montauban, d'azur à trois tours d'or.

(Rivoire de la Bâtie. *Armorial du Dauphiné*, Lyon, Perrin. 1867).

L'HOSPITAL SAINT-MESME. — 1695-1709.

Ecartelé au premier : d'argent semé de fleurs de lys d'or au lambel de trois pendants de gueules ; au deuxième, parti au premier d'argent à la guivre d'azur couronné d'or, lissant de gueules, qui est de Milan ; au deuxième d'or à quatre pals de gueules : au troisième, parti au premier de sable à deux léopards l'un sur l'autre d'or ; au deuxième coupé au premier d'or à quatre fasces d'azur, au deuxième de gueules à neuf macles d'or qui est de Rohan ; au quatrième, de gueules à deux chevrons d'argent sommés en fasce d'une devise du même ; sur le tout de gueules au coq hardi d'argent becqué, crêté, barbelé et armé d'or, qui est de l'Hospital.

(Plaque peinte aux arch. du Montellier'.

CHEVRIERS DE SAINT-MAURIS. — 1709-1781.

D'argent à trois chevrons de gueules à la bordure engrêlée d'azur.

(Steyert. *Armorial du Lyonnais*).